Sur les Îles des Pierres Dansantes

Grâce à un programme d'aide à la traduction du Conseil des Arts, il est enfin devenu possible de faire connaître au Québec, les œuvres marquantes d'auteurs canadiens-anglais connues souvent dans tous les pays de langue anglaise, mais ignorées dans les pays de langue française parce qu'elles n'avaient jamais été traduites.

Ce même programme va permettre aux œuvres marquantes de nos écrivains d'être traduites en anglais.

La Collection des deux Solitudes a donc pour but de faire connaître, en français, les ouvrages les plus importants de la littérature canadienne-anglaise de ces dernières années.

Sur les Îles des Pierres Dansantes

Texte original et dessins de Pam Hall
Texte français de Michelle Tisseyre

PIERRE TISSEYRE
8955 boulevard Saint-Laurent — Montréal,   H2N 1M6

Dépôt légal: 3e trimestre 1982
Bibliothèque nationale du Canada
Bibliothèque nationale du Québec

L'édition originale en langue anglaise
de cet ouvrage
a été publiée
par
GLC Publishers Limited
sous le titre
On the Edge of the Eastern Ocean
Copyright © 1982, by GLC, Toronto

ISBN-2-89051-070-0

À Strat,
le vent sous mes ailes,
et ma seconde vue.

Sur les rives de l'Atlantique,
là où les roches gris-vert tombent
en roulant dans l'eau noire et froide,
on trouve les Îles des Pierres Dansantes.

Avant que le monde ne s'éveille
de ses rêves, ici, le soleil cueille
dans la mer, le jour naissant.

Ici, les nuages fuient,
le brouillard envahit tout,
et les vagues se brisent
sur la côte rocheuse.

Cette terre est celle des
Grands Oiseaux.

Ils peuplent le ciel de leurs
danses et de leurs chants stridents.

Ils flottent là-haut sur le vent,
s'élancent, planent, plongent,
remontent à tire-d'aile,
dansent sous la voûte du ciel,
se régalent dans l'océan.

Entre le ciel et la mer,
les Grands Oiseaux
sont ici chez eux.

Leurs vastes colonies
couvrent les îles
de formes lisses et nettes.

Ils viennent ici se nourrir,
s'aimer, nidifier, et
mettre au monde leurs petits.

Chez les Grands Oiseaux
Il y avait jadis de nombreuses familles.

Les Fous de Bassan, blancs et soyeux,
avec leur loup noir posé sur l'œil
et leur calotte d'or pâle.

Les Marmettes, à face noire,
aux pieds et au bec couleur de suie.

Les Mouettes tridactyles,
les Hirondelles de mer
et les Guillemots.

Il y avait aussi les Goélands qui, jadis,
se rassemblaient sur ces îles;
les jeunes au duvet moucheté,
les Goélands argentés,
les grands Goélands à manteau noir avec
tous les leurs.

Enfin, les Macareux, petits et robustes,
blancs de face, noirs de dos,
avec de gros becs busqués multicolores.

Chaque année,
au changement des saisons,
les Grands Oiseaux arrivaient
par milliers sur les Îles des
Pierres Dansantes pour nidifier
et faire ripaille dans la mer.

C'est ici que leurs jeunes
verraient le jour.
Ici, qu'ils prendraient des forces
et se prépareraient à rejoindre les adultes
pour le grand voyage en mer.
Ici, qu'ils se gaveraient de poissons argentés
jusqu'à ce que leurs ailes
soient devenues assez fortes
pour les porter au-dessus de l'eau
et les faire triompher du vent.

Leurs aînés veillant sur eux,
ils se reposeraient ici
jusqu'à ce qu'ils soient eux-mêmes
assez grands pour pêcher.

Un jour, sur ces îles rocheuses,
au milieu des chants et des danses
des Grands Oiseaux,
naquit un jeune Macareux.

Sa première maison fut un terrier,
à l'abri des grands Goélands chasseurs,
friands des nouveau-nés sans défense.

Car c'était un petit oiseau
duveteux et faible.
Il n'avait pas encore de plumes sur son corps,
ni de force dans ses ailes.
Sans les soins attentifs de sa mère
et les poissons argentés qu'elle lui apportait,
il n'aurait pu survivre.

Mais nourri par son grand bec multicolore
et bien au chaud contre son ventre blanc,
le petit Macareux poussa à merveille.

Il apprit à marcher,
à explorer les abords de son terrier
et bientôt à le quitter
pour aller jouer parmi les roches
et les herbages.

Il observa les Grands Oiseaux,
juchés par familles sur les rochers,
admira les adultes qui dansaient sur le vent
et chassaient dans la mer,
aperçut, dans leurs nids,
les oisillons mouchetés
piaillant de faim.

En grandissant,
son dos tourna au noir,
son ventre au blanc,
son bec au jaune,
et il se mit à ressembler
aux autres membres
de la grande Famille des Macareux.

Il ne pouvait pas encore voler,
mais il battait souvent des ailes
et les sentait devenir chaque jour plus fortes.

Il grandissait donc,
attendant le jour où,
fendant l'azur,
il survolerait la mer et ces
îles rocailleuses.

Il attendait impatiemment, tout en
n'arrêtant pas de se nourrir,
car il savait que le jour de sa première envolée
finirait bien par arriver.

Chez les Macareux,
selon la tradition, ce jour marquerait le
début de son éducation,
lui vaudrait son nom
ainsi que les rayures bariolées de son bec jaune
et lui permettrait de prendre sa place
dans la grande Famille des Macareux,
à titre d'adulte,
capable de partager les secrets de la mer.

En même temps
qu'ils lui choisiraient un nom,
les Anciens l'initieraient aux
mystères du vent et des vagues,
lui enseigneraient à chasser les poissons,
lui communiqueraient
la sagesse de son espèce.

Il n'avait donc jamais encore volé
le jour où le Grand Goéland à Manteau Noir
fondit du ciel en poussant des cris de guerre.

Ce Goéland était grand et fort,
ses ailes déployées battaient l'air,
et son ombre, telle un énorme nuage noir,
assombrissait les pierres.

Les Manteaux Noirs étaient les ennemis
de tous les Macareux,
car ils dévoraient leurs œufs et leurs petits.

Les cris du Manteau Noir semèrent la terreur
chez les Macareux.

L'attaque fut rapide,
tombant du ciel comme une flèche meurtrière.
Voyant le Grand Goéland près d'atterrir,
les Anciens parmi les Macareux
furent frappés de stupeur.
Ils avaient reconnu
le chef des Manteaux Noirs
et leur plus puissant ennemi,
celui qu'ils appelaient
Goth, le tueur de Macareux.

Ils s'enfuirent donc,
dans l'eau et dans les airs.

La confusion régnait.

Les mères essayaient de mettre
leurs petits à l'abri dans les terriers et les criques.
Mais certains se perdirent,
et d'autres, dans le tumulte,
furent abandonnés.

Le jeune Macareux
qui ne savait pas encore voler
se trouva abandonné,
séparé de sa mère dans la panique.
Affolé, il se dit
que son seul refuge était la mer.

Au moment où l'ombre du Goéland
allait le toucher,
il se jeta à l'eau.

Au contact des vagues glacées
sous son petit ventre blanc et chaud,
il nagea désespérément,
trop effrayé pour regarder où il allait,
laissant loin derrière lui les
cris de sa Grande Famille.

S'étant enfin calmé,
il se trouva entouré de silence.

Seuls s'entendaient le clapotis
des vagues
et le sifflement de la brise marine.

Il se mit à nager moins vite
dans l'espoir de retrouver
sa famille et ses amis.
Mais il était bien seul.

Rien à l'horizon,
aucun oiseau dans le ciel,
seulement, à perte de vue,
la vaste étendue de l'océan
bleu nuit.

Trop jeune
pour connaître
les secrets de la mer et du ciel
qui auraient pu ramener à bon port
un Macareux adulte,
le petit se sentit perdu.
Il continua néanmoins de nager sans arrêt,
espérant contre tout espoir
retrouver ses îles.
Et tout en nageant, il appelait au loin,
pleurait, et appelait de nouveau.
Jusqu'à ce que toutes ses larmes
eussent été englouties par la mer.

Lorsque la nuit tomba.
Il nageait toujours.

À la dérive sur l'eau noire,
il s'endormit enfin.

Les jours et les nuits se succédèrent
et, comme il avait faim,
le petit Macareux plongea sous les vagues
et attrapa dans son bec
les poissons
argentés.
Il s'était lui-même appris à pêcher!

Et parce qu'il se fatiguait,
il apprit aussi à flotter sur l'eau
comme un bouchon,
allant là où les courants le conduisaient.

Il n'avait pas idée de la
distance parcourue,
mais il se disait qu'il devait
être bien loin de ses chères îles.

Il ne pouvait s'apercevoir non plus
que son bec était maintenant tout bariolé
et qu'il avait atteint l'âge adulte.

Et puis un jour,
le soleil se leva sur la mer
éclairant une île aux pierres gris-vert,
plus grande que toutes les îles
qu'il ait jamais vues.

Il savait bien que ce n'était pas chez lui,
mais il était si seul et si fatigué...
et il espérait trouver là peut-être
une Famille d'oiseaux
qui lui enseigneraient le chemin du retour.

Il décida d'aller voir.

Il chercha parmi les pierres
et les herbes du rivage
un nid ou tout autre signe de vie.
Il ne trouva que la désolation
et, mêlé au déferlement des vagues,
n'entendit que l'écho de sa propre voix.

Épuisé et sans espoir,
il s'endormit.
Une fois reposé, il reprendrait la mer.

À son réveil, il faisait nuit.
La lueur froide et blanche de la lune
lui révéla qu'il n'était pas seul.

Tels d'étranges fantômes,
de Grands Oiseaux l'entouraient.
Avec leurs longs becs arrondis
et leurs pieds pourpres,
ils ne ressemblaient guère
aux Grands Oiseaux qu'il connaissait.

Il fut frappé de stupeur,
car, à travers leurs yeux,
filtrait la lune.

Majestueux et remplis de mystère,
ils le surplombaient.

Et lorsque leur chef s'adressa à lui,
sa voix était profonde et résonnante:

« Qui es-tu, petit Macareux?
Qu'es-tu venu faire en ce lieu sacré? »

Frémissant d'effroi,
le petit Macareux répondit:

« Je n'ai pas de nom.
Je me suis égaré en mer.
Je ne sais pas du tout où je suis,
et suis incapable de vous indiquer
d'où je viens. »

Le Grand Oiseau Noir
se tourna vers ses compagnons
et leur parla dans une langue
et en faisant des sons
qui étaient inconnus du petit Macareux.

Il attendit.
Dans le ciel noir,
la lune brillait, haute et pâle.

Le Grand Oiseau Noir
se tourna de nouveau vers lui:

« Tu es loin de chez toi, petit voyageur,
et trop jeune pour retrouver ton chemin.
Tu resteras parmi nous
jusqu'à ce que tu sois assez grand et fort
pour repartir.
Nous ne voudrions pas que tu te perdes. »

Mais le petit Macareux
n'était pas encore réconforté,
car les Grands Oiseaux
lui faisaient peur.

« Je sais bien que je suis petit et jeune,
leur dit-il,
et que je ne peux pas tout seul
retracer mon chemin.
Je dois grandir et apprendre
avant de repartir en mer
retrouver ma famille.

Mais je dois savoir qui vous êtes
et où je suis,
et si vous pouvez m'aider
à retrouver les miens. »

Le Grand Oiseau parla de nouveau.
Sa voix était profonde et impressionnante,
mais ses yeux vides,
étaient pleins de bonté:

« Tu es ici
dans l'Île Disparue de Funk,
petit Macareux,
un lieu sacré.
Je suis Linnaeus,
et nous sommes les Morts,
la Mémoire des Grands Pingouins.
Aux yeux du monde,
nous n'existons plus,
et ce n'est qu'ici,
et seulement aux Grands Oiseaux
et à leurs Familles,
que nous révélons notre existence. »

Le petit Macareux trembla de peur.
C'est à la Mort elle-même
qu'il implorait secours!
Mais où aller?
D'ailleurs, ces Grands Oiseaux
ne semblaient pas méchants.

Il leur demanda encore:
« Comment la mort
est-elle venue aux vôtres? »

« Nous sommes les Morts,
la Famille assassinée des Grands Pingouins.

Il y a bien longtemps,
d'étranges créatures, des Hommes,
sont arrivés de la mer
à l'Île de Funk,
dans des coquilles de bois flottantes.

Notre Famille était alors forte et grasse
et nous avions de nombreux petits.
Ces hommes volèrent nos œufs,
mangèrent notre chair,
emplirent leurs oreillers de nos plumes.
Ils ne nous laissèrent que nos ossements.

Maintenant, nous n'existons plus,
nous ne sentons plus sur nos ventres
le vent ni les vagues.
Nos fantômes errent entre les pierres
de cette Île Disparue
qui fut notre habitat.
L'hiver, notre esprit renaît
et, porté par le vent,
parcourt les mers lointaines,
observant les Familles des Grands Oiseaux,
les voyant se rencontrer,
croître, et mettre au monde
leurs petits. »

Le petit Macareux cessa d'avoir peur:
« Pourquoi ne vous êtes-vous pas enfuis,
il y a longtemps,
sur la mer et dans le ciel? »

Profilé sur le ciel,
Linnaeus paraissait encore plus grand
et encore plus noir.
Ses yeux étaient tristes
alors qu'il évoquait les morts du lointain passé.

« Nous ne pouvions pas voler.
Au cours de générations vivant de la mer,
nos ailes s'étaient atrophiées.

Avant la venue des Hommes,
nous avions peu d'ennemis.
N'ayant pas besoin de voler,
nous en perdîmes l'habileté.
Maintenant, dans la mort,
nous survolons les océans
et dansons sur le vent
comme nous n'avions jamais pu le faire
de notre vivant.

Nous sommes devenus les Guetteurs
que personne ne voit,
que personne n'entend,
mais qui sont toujours là,
à surveiller et protéger
les espèces survivantes.

Tu as beaucoup à apprendre,
petit Macareux,
et tu vas rester avec nous
jusqu'à ce que tes connaissances
te permettent de rentrer chez toi. »

Le Macareux regarda la lune.
Les étoiles pâlissaient.
Bientôt, le matin chevaucherait le ciel.

Il regarda Linnaeus,
grand, noir, et plus vieux que le temps
lui-même.

Il regarda les autres,
les Guetteurs,
debout, silencieux,
aux côtés de leur chef.

« Je resterai », dit-il.

Les jours et les nuits se succédèrent
jusqu'à ce qu'il en ait perdu le compte.
Les Guetteurs devinrent ses maîtres,
et avant longtemps
il perdit la nostalgie de ses îles.

Car, depuis leur mort,
les Grands Pingouins avaient parcouru les mers
et survolé leurs îles éparpillées.
Ils avaient percé leur mystère,
connaissaient leurs espèces innombrables,
et connaissaient aussi les Hommes,
et leurs cadeaux empoisonnés.

Ils lui racontèrent
et lui enseignèrent
une foule de choses.

Il apprit les langues et les coutumes
de nombreuses Familles d'oiseaux.

Il apprit les secrets des marées,
les voies marines des poissons
et les chemins que suivaient dans le ciel
les Grands Oiseaux, en survolant la mer.

Il se familiarisa avec
l'histoire et les coutumes d'autres espèces.
Il fut éclairé sur sa propre famille
et entendit parler de cousins
qui lui ressemblaient,
mais dont la tête était couronnée
de plumes dorées.
Il apprit l'existence d'autres océans
et d'oiseaux qui habitaient la terre ferme
et ne pouvaient pas nager.

À mesure qu'il s'instruisait,
ses talents de chasseur de poissons s'affirmaient.
Il passa maître dans l'art de
cartographier les cieux et les étoiles.

Et plus il devenait adroit,
plus il avait soif de connaissances.
Il pressait Linnaeus de
lui raconter des histoires
sur les autres Familles de Grands Oiseaux.

Sans jamais se lasser,
il écoutait et apprenait.
Il grandissait aussi.

C'est par Linnaeus qu'il entendit parler
des Grands Albatros,
qui survolent les mers durant des mois
sans jamais se poser,
et de leur danse d'amour.

Il apprit qu'ils habitaient des îles merveilleuses,
les Galapagos,
en compagnie d'autres Grands Oiseaux
que l'on ne voyait nulle part ailleurs
dans le monde.

Il rêva qu'il y allait rencontrer la Frégate,
cet oiseau qui, sous le menton,
porte une poche rouge vif.

Il souhaitait voir les Fous aux pieds bleus
et leurs frères au masque blanc,
cousins des Marmettes
qu'il se rappelait avoir vues
dans les îles où il était né.

Un jour il alla chercher Linnaeus
pour qu'il lui raconte une autre histoire.

Le soleil était haut dans le ciel,
la marée descendante.
Il trouva Linnaeus sur la grève,
ses yeux vides fixant l'océan
immense.

Le Grand Pingouin Noir
le regarda tristement, et dit:
« Viens, mon petit.
Le moment est venu pour toi
d'entendre autre chose que des
légendes d'ailleurs. »

Sa voix était grave et austère.
En suivant son ami,
le Macareux se demandait ce qui
pouvait bien ne pas aller
par une si belle journée.

Les deux Oiseaux
ne s'arrêtèrent qu'au bout de la grève.
Là, dans le soleil matinal,
debout, côte à côte,
ils aperçurent la Mort
à leurs pieds.

Sur la rive silencieuse
gisait un pauvre Goéland mort.
Ses plumes étaient collées ensemble
par une glu noire et luisante.
Son beau cou était tordu vers la mer
comme si, en mourant,
il avait voulu lui jeter un dernier regard.

Ses yeux étaient fermés.

« C'est la Mort que tu vois,
dit Linnaeus.
Il est grand temps que tu entendes ce récit
et que tu connaisses les dangers
qui, au-delà des mers,
menacent toutes nos espèces.

Ce Goéland a été tué
par le jus des coquilles flottantes.
Quand, par malheur, il s'en répand,
il se forme à la surface de l'eau,
une nappe noire et luisante
où les oiseaux s'engluent, en se posant.

Rejetés sur la grève par les vagues,
ils ne s'envolent jamais plus
vers le ciel.

C'est la Mort Noire des Hommes,
gluante et malodorante.
Elle coupe les ailes et le souffle
de tout oiseau qui la frôle.

Et si tu ne t'y poses pas,
elle te fera quand même mourir
en tuant les poissons argentés
qui sont ta nourriture.
Tu mourras de faim.
Méfie-toi d'elle, et ne te
pose jamais sur ces nappes
noires et huileuses.
Nombreux sont ceux qui en
ignorent les dangers. »

Sur ces paroles, Linnaeus se tut.
Ses yeux étaient toujours
remplis de tristesse.
Le petit Macareux était très ému
tandis que tous deux s'éloignaient de la grève,
laissant aux vents et aux marées
le pauvre Goéland.

Le reste de la journée
et toute cette nuit-là,
il pensa au Goéland.
Il revoyait la tristesse dans les
yeux de Linnaeus,
entendait les accents douloureux de sa voix
alors qu'il évoquait la Mort.

Il se rappela son île, sa famille
et les Grands Oiseaux perchés,
entre les pierres, auprès de leurs nids.
Il eut peur pour eux.
Il frissonna en pensant aux Hommes,

et sut qu'il était temps, pour lui
de quitter les Guetteurs
de l'Île Disparue de Funk,
et de partir à la recherche de
ses îles natales.

Il alla trouver Linnaeus
et lui fit part de sa résolution.

« Oui, lui répondit celui-ci,
il est temps pour toi de partir
et d'aller faire part à ton espèce
de ce que nous t'avons appris.

Prends ta place parmi les tiens
et fais-toi donner un nom.
Tu dois les avertir
des dangers qui menacent les
Grands Oiseaux,
afin qu'ils s'en méfient.

Oui, le temps est venu.
Tu es prêt.
Pars maintenant. »

Devenu grand enfin,
le Macareux reprit la mer
et amorça son voyage de retour.

Il laissait derrière lui
les Guetteurs
dont les leçons lui permettraient
de retrouver son chemin.

Et quand, parvenu au large,
il se tourna pour voir, une dernière fois,
l'île qui l'avait accueilli,
il ne discerna plus
que les reflets du soleil sur la mer.

L'île avait disparu,
et, avec elle, ses Guetteurs.
Mais il sentait néanmoins
leur présence.
Invisibles, silencieux,
ils volaient au-dessus de lui
et lui montraient le chemin.

Un matin, par un soleil radieux,
trois îles rocheuses parurent
sur l'eau étincelante.
Le Macareux y distingua beaucoup de mouvement,
et il entendit, portées par le vent,
les voix des Grands Oiseaux.

Le ciel, au-dessus des pierres,
était rempli de Fous de Bassan, de Goélands,
de Marmettes et de Mouettes tridactyles,
et la mer était toute mouchetée
d'oiseaux nageant et plongeant
pour rapporter des poissons
à leurs petits.

Parmi les nageurs,
le petit Macareux distingua
les becs bariolés de nombreux
Macareux, et il sut enfin
qu'il était parvenu à bon port.

Sa famille et tous les Macareux
l'accueillirent par de grandes célébrations,
et il dut souvent conter son aventure.

Il leur parla de Linnaeus,
le Chef des Grands Pingouins Fantômes
et des Guetteurs.

Il leur décrivit
l'Île Disparue de Funk,
et leur conta des légendes
de beaucoup d'autres Oiseaux.

Il leur parla du Goéland,
et de la Mort Noire des Hommes,
et les avertit des dangers
que couraient les oiseaux.

Il recommença souvent son récit
et nombreux furent ceux qui
l'écoutèrent.

Les Anciens de toutes les
Grandes Familles d'oiseaux
vinrent à lui.

Ils le remercièrent
de leur faire part de ses
connaissances et de les
avertir du danger.

Les Anciens
se réunirent
pour lui trouver un nom.

Ils cherchèrent jour et nuit
jusqu'à ce qu'ils en aient trouvé un
digne de celui
qui, au cours de son long périple solitaire,
avait vu et appris tant de choses.

Ils l'appelèrent enfin à eux
et lui donnèrent le nom
qui est depuis connu
dans tous les chants et
tous les récits de la Grande
Famille des Macareux.

Car il devint un grand voyageur,
parcourut les océans
et visita nombre d'îles de la terre.

Ainsi sont nés les récits
et les chants traitant de
Geb, l'Oiseau qui marchait sur le vent,
le Macareux égaré
qui rencontra les Guetteurs
et navigua seul
sur l'océan Atlantique
pour retrouver
les rives grises et rocailleuses
des îles où il avait vu le jour,
les Îles des Pierres Dansantes.